COLLECTION

D'UN

AMATEUR

Porto-Riche.

TABLEAUX MODERNES

Paris — 1890

COLLECTION

D'UN

AMATEUR

PARIS. — IMPRIMERIE DE L'ART

E. MÉNARD ET Cie, 41, RUE DE LA VICTOIRE

CATALOGUE

DES

TABLEAUX MODERNES

PAR

COROT, DAUBIGNY, DIAZ, J. DUPRÉ, ISABEY
CH. JACQUE, JONGKIND, H. LÉVY
MEISSONIER, DE NEUVILLE, TH. ROUSSEAU, ROYBET
TASSAËRT, ZIEM, ETC.

COMPOSANT

LA COLLECTION D'UN AMATEUR

ET DONT LA VENTE AURA LIEU A PARIS

GALERIE GEORGES PETIT

8, rue de Sèze, 8

Le Mercredi 14 Mai 1890

A TROIS HEURES

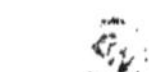

COMMISSAIRE-PRISEUR

Me PAUL CHEVALLIER

10, rue de la Grange-Batelière, 10

EXPERT

M. GEORGES PETIT

12, rue Godot-de-Mauroi, 12

EXPOSITIONS

Particulière : *Le Lundi 12 Mai 1890, de 1 heure à 6 heures*

Publique : *Le Mardi 13 Mai 1890, de 1 heure à 6 heures*

Le présent Catalogue se trouve à

Paris . . . . . Chez Me Paul Chevallier, commissaire-priseur, *10, rue de la Grange-Batelière.*

— Chez M. Georges Petit, expert, *12, rue Godot-de-Mauroi.*

Londres . . . . Chez MM. Hollender et Cremetti, *47, New Bond Street.*

— Chez MM. Obach et Co, *20, Cockspur Street Pall Mall.*

— Chez M. Mac Lean, *7, Haymarket.*

Bruxelles. . . . Chez MM. Henri Le Roy et fils, *83, Montagne-de-la-Cour.*

Cologne . . . . Chez MM. Bourgeois frères, *17, Pettenheunen.*

New-York . . . Chez M. S. Avery, *88, Fifth Avenue.*

— Chez M. Durand-Ruel, *297, Fifth Avenue.*

— Chez MM. Goupil et Co, *de Paris, 203, Fifth Avenue.*

— Chez MM. Knœdler et Co, *170, Fifth Avenue.*

— Chez M. W. Schaus, *204, Fifth Avenue.*

CONDITIONS DE LA VENTE

Elle sera faite au comptant.

Les acquéreurs payeront, en sus des adjudications, *cinq pour cent* applicables aux frais.

DÉSIGNATION

COROT

1 — Courances.

Une immense plaine verdoyante s'étend entre deux bouquets de bois prolongés à l'infini; tout au fond, on aperçoit une maison; au premier plan, à gauche, un canard nage sur un petit étang; le soleil, perçant à travers les bouquets d'arbres, coupe la plaine de longues traînées lumineuses.

Paysage d'été, chaud et poétique.

Signé à droite. (Panneau.)

Haut., 33 cent.; larg., 46 cent.

COROT

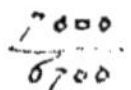

2 — Après l'orage.

Sous un ciel à peine éclairci, le sol, au premier plan, est presque entièrement recouvert par les eaux ; un ruisseau s'est formé qui rejoint la rivière du second plan étendue dans toute la largeur du tableau.

A gauche, au bord de la rive détrempée, deux arbres ; un bateau plat, à l'avant duquel un marinier est assis, tandis qu'au milieu un autre marinier, debout, saisit une branche pour retenir le bateau contre le courant.

A droite, de grands arbres encore courbés sous l'orage et en partie dépouillés de leurs feuilles; un peu plus loin, un gros arbre dont le feuillage s'étale largement.

Au fond, une rive, et sur les eaux, salies par l'écoulement des terres, des barques vagues.

Signé à droite. (Toile.)

Haut., 34 cent.; larg., 50 cent.

Vente Dobbé.

DAUBIGNY

3 — Bords de l'Oise.

10000
3500

Les eaux miroitantes de l'Oise s'écoulent sous le soleil. A gauche, au deuxième plan, un bouquet d'arbres verts, un arbre en fleurs émergeant de l'onde s'en détache; plus à gauche, des bouquets de bois.

Au fond, dans le courant qui scintille comme une écharpe d'argent, un bateau; l'autre rive, avec un rideau de peupliers, des maisons, un pigeonnier, et, sur le tout, les splendeurs d'un ciel d'été.

Signé à droite. (Panneau.)

Haut., 28 cent.; larg., 44 cent.

DAUBIGNY

Retiré

4 — Le Repos des moissonneurs.

Dans un champ de blé à demi fauché, des moissonneurs reposent; au fond, les épis forment une large bande d'or qui fuit dans des bouquets d'arbres, sous un ciel d'été infiniment lointain.

Au premier plan, des moissonneurs diversement groupés; celui-ci est allongé sur le ventre, cet autre sur le côté; des femmes assises bavardent; d'autres mangent; un paysan, debout, fume, et, dans les blés, d'autres moissonneurs achèvent la gerbe commencée avant de prendre leur repos.

Signé à droite. (Toile.)

Haut., 83 cent.; larg., 1 m. 55 cent.

DIAZ

5 — L'Ile des Amours.

Au milieu d'un chaud paysage, au bord d'un petit chemin qui fuit sous la verdure, des femmes nues et des amours s'enlacent.

La femme du premier plan, étendue, reposée sur le coude, joue de la main avec un amour folâtre; auprès d'elle, à gauche, un amour implorant un baiser tend ses lèvres à une femme assise qui le contemple en souriant.

Plus au fond, une autre nymphe attire à elle avec élan un amour qui voltige; derrière la figure principale, un amour semble jouer avec le sein d'une des femmes, tandis qu'un autre, debout derrière une nymphe, à droite, lui murmure à l'oreille des paroles caressantes.

Signé à droite : 1855. (Toile.)

Haut., 48 cent.; larg., 68 cent.

DIAZ

6 — Le Harem.

Au milieu d'un jardin luxuriant, des odalisques, dans des poses heureusement variées, chantent, jouent et fument.

Au milieu du tableau, l'une d'elles, la sultane favorite sans doute, est accroupie à la mauresque sur un tapis de couleur éclatante; une enfant s'appuie sur son épaule; derrière elle, une femme s'évente, tandis qu'à ses côtés d'autres femmes, assises ou penchées, sont attentives à quelque bruit du dehors.

A gauche, une jeune femme chante, assise devant une négresse qui paraît l'avertir; à ses pieds, un petit chien écoute.

En somme, treize figures finies, dans des vêtements aux couleurs vives, groupées avec art, au milieu d'un paysage d'Orient au fond duquel se dressent les tours d'une mosquée ou d'un palais, et semblant attendre l'arrivée de quelque sultan.

Peinture à l'essence sur carton.

Signé à droite : 64.

Haut., 39 cent.; larg., 58 cent.

DIAZ

7 — Ophélie.

Ophélie, vêtue de blanc, une écharpe au bras, descend au bord de l'eau en effeuillant des roses; elle écarte autour d'elle les branches et les fleurs et semble se mirer dans l'onde qui l'attire.

Au fond, dans la découpure du paysage, un coin de ciel bleu éclaire tout le tableau.

Signé à gauche. (Toile.)

Haut., 33 cent.; larg., 21 cent.

DUPRÉ

(JULES)

8 — Marine.

Sur une mer houleuse, dans laquelle se noie un ciel chaud et clair, deux bateaux de pêche fuient sous le vent.

La mer, avec ses vagues blanchissantes, son écume, se perd à l'infini dans l'espace.

Signé à droite. (Panneau.)

Haut., 30 cent.; larg., 48 cent.

DUPRÉ

(JULES)

9 — Paysage. 3000 / 4100

Au milieu de la campagne, au bord du chemin que parcourt un paysan, la besace au dos, un gros arbre, des fermes, un moulin, sous un ciel d'un bleu pur de printemps.

A gauche, des vaches paissent dans la prairie.

Signé à droite. (Panneau.)

Haut., 25 cent.; larg., 41 cent.

ISABEY

10 — Seigneurs sur la plage.

Une plage, au pied des dunes ; près de bateaux à terre, des dames, des seigneurs en costume Louis XV, achètent des poissons aux pêcheurs et aux pêcheuses.

D'autres bateaux, saisissant le premier flot de la marée montante, se mettent en marche.

Un village ; des paniers de poissons gisant sur le sable ; des filets suspendus ; et le flot venant du large.

Des chevaux à droite, le bât sur le dos, attendent les paniers chargés qu'apportent de petites barques ; et au-dessus s'étend le ciel avec ses nuages flottants que balaye la brise à l'heure de la marée.

Signé à gauche : 61. (Toile.)

Haut., 83 cent.; larg., 1 m. 24 cent.

ISABEY

11 — La Grande Marée.

La mer déferle furieusement sous des nuages d'écume ; sur le rivage, les baigneurs courent s'abriter du vent contre une cabane de pêcheur ; les marins se hâtent d'amener à terre leurs embarcations.

Le village s'étend au loin, derrière des bateaux en construction, sous un ciel que tachent de gros nuages orageux.

Monogr. : E. I. 1850. (Toile.)

Haut., 83 cent.; larg., 1 m. 35 cent.

ISABEY

12 — L'Enlèvement.

La cour d'une maison au temps de Henri III : un gentilhomme, l'épée à la main, campé sur l'escalier, à l'entrée de la maison, défend une femme qu'il vient d'enlever contre trois bravi.

Derrière lui, la femme, vue de dos, lève les bras au ciel, la tête renversée, les cheveux flottants, dans un superbe mouvement de désespoir.

Au bas des marches, un des bravi est étendu; les deux autres s'apprêtent à attaquer le gentilhomme.

A gauche, près d'un puits, les chevaux qui ont servi à l'enlèvement; à droite, le long des fenêtres aux vitres colorées, des plantes grimpantes; au fond, un coin de ciel bleu nuageux, triste, complète le paysage.

Ce tableau, d'un mouvement si original, est une heureuse composition du peintre.

Signé à gauche. (Toile.)

Haut., 44 cent.; larg., 65 cent.

ISABEY

13 — Sous le porche.

Devant le portail d'une grande église, une dame, richement vêtue, distribue des aumônes.

Trois femmes se pressent autour d'elle; la dernière porte un enfant sur le dos; une petite fille la tient par son tablier.

Sous le porche, à droite, deux mendiantes; l'une est assise; l'autre, debout, se perd dans l'ombre de la voûte.

Des fenêtres en ogives, une belle architecture romantique.

Signé à gauche. (Panneau.)

Haut., 24 cent.; larg., 19 cent.

JACQUE

(CHARLES)

14 — Berger et son troupeau.

C'est le retour; le berger, lentement, ramène un troupeau de moutons qui broutent, inquiets; un chien le précède, essoufflé de la course; au loin, des bois sous un ciel crépusculaire.

De chaque côté du berger s'élèvent deux arbres superbes dont le feuillage abondant et touffu se perd dans les teintes grises du soir qui tombe.

Signé à gauche. (Toile.)

Haut., 82 cent.; larg., 66 cent.

JACQUE

(CHARLES)

15 — Le Poulailler.

Cinq poules, au bas de leur poulailler, dont on n'aperçoit que l'échelle et l'entrée, picotent des graines dans de la paille.

Signé à droite. (Panneau.)

Haut., 17 cent.; larg., 14 cent.

JONGKIND

16 — Vue de Hollande.

Sous un ciel à brume claire et transparente et d'une immense profondeur, le fleuve aux eaux argentées coule entre deux rives verdoyantes et se perd au loin.

Un bateau-chaland descend vers Rotterdam qu'on aperçoit au fond dans le vague.

A droite, un moulin à vent se découpe dans le ciel, au-dessus d'un canal qui sépare la rive.

La rive gauche avec ses bouquets de bois s'étend à perte de vue.

Signé à droite. (Toile.)

Haut., 42 cent.; larg., 56 cent.

JONGKIND

17 — Navires sur l'Escaut.

A l'embouchure de l'Escaut, des navires venant du large pénètrent dans le fleuve ; le plus éloigné cargue ses voiles ; un trois-mâts entre à droite, vent arrière, ayant à ses flancs une barque venue au-devant de lui ; au milieu, une autre barque emporte des passagers ; à droite, un navire prépare son mouillage.

Au pied des falaises, la vague est courte ; ce n'est plus la mer, ce n'est pas encore le fleuve ; c'est une eau de transition d'une frappante exactitude.

Toile importante.

Signé à droite. (Toile.)

Haut., 59 cent. ; larg., 80 cent.

JONGKIND

18 — La Rue Saint-Jacques.

Tout au fond de la rue, on aperçoit le clocher de l'église Saint-Séverin; sur le trottoir de gauche, devant un marchand de vins, une femme ramène son « garçon » de l'école; des passants; un omnibus descendant.

A droite, au premier plan, une Italienne devant une crèmerie; plus loin, la boutique rouge d'un tripier, et la rue se prolonge avec des alternatives d'ombre et de soleil.

Signé à droite : 1872. (Toile.)

Haut., 57 cent.; larg., 43 cent.

LÉVY

(HENRI)

19 — Mazeppa.

2500 / 950

Au milieu de steppes arides, Mazeppa nu, à demi couché sur son cheval mort, reçoit les soins des Cosaques de l'Ukraine; à droite, une femme essaie de le relever; à gauche, un homme défait ses liens; un autre prend la gourde que lui tend un cavalier; d'autres appellent; des groupes accourent de toutes parts.

A l'extrême gauche, un Cosaque monté sur un cheval dont la tête s'allongeant renifle le cheval crevé, contemple le spectacle.

Signé à gauche. (Toile.)

Haut., 66 cent.; larg., 1 m. 1 cent.

(*Vente Nathan.*)

MEISSONIER

20 — 1814 —

Dans un paysage neigeux, d'où se dégagent la tristesse et l'émotion, ainsi que l'angoisse des événements accomplis, sur une route défoncée dont la neige s'est fondue sous le piétinement des troupes, Napoléon, le sourcil froncé, l'œil plongeant dans l'avenir, s'abandonne au pas de son cheval blanc.

L'empereur, le bicorne au front, la main droite dans la redingote grise entièrement boutonnée, placé de trois quarts sur une selle de velours rouge brodée d'or, se dirige vers la droite du tableau.

Derrière lui, au second plan, le poing sur la hanche, le maréchal Ney, dans son costume vert foncé, la ceinture de général au flanc, suit au pas sur un cheval bai brun; une grande capote grisâtre aux manches flottantes, jetée sur ses épaules, est boutonnée au cou, le collet relevé. Il semble regarder l'empereur avec une fierté confiante et énergique.

Au même plan, Berthier, sur un cheval bai, est enveloppé d'un grand manteau noir; il suit avec une résignation tranquille.

Au troisième plan, presque sur la même ligne, le général

Drouot sur un cheval gris pommelé ; le général, vêtu d'une redingote noire, la main droite dans sa poche, succombant à la fatigue, sommeille à demi bercé du pas de son cheval.

Derrière lui les généraux Gourgaud, de Flahaut, l'état-major avec des officiers de guides, de chasseurs et de hussards ; puis l'escorte des guides, et, à l'extrémité du cortège impérial, dans le lointain, les cuirassiers aux armes étincelantes.

Sur la droite du tableau, au fond, les tambours, leurs instruments muets aux flancs, ayant le tambour-maître en serre-file, précèdent des officiers supérieurs à cheval.

Derrière eux défilent d'un pas résolu les lignes innombrables de l'infanterie.

Tout dans ce cadre brumeux, les personnages et le décor, donne une impression poignante de silence et de recueillement.

Tableau d'une très belle exécution.

Signé à gauche. (Panneau.)

Haut., 26 cent.; larg., 39 cent.

MEISSONIER

21 — Le Hallebardier.

Un hallebardier, le visage mâle encadré d'une barbe blonde, est représenté appuyé sur sa pique, le casque (la salade) en tête, la cuirasse et les bas-flancs de fer sur le pourpoint jaune, la culotte rouge, bouffante aux cuisses et resserrée aux genoux, les bas bleus et les souliers de cuir jaune.

Derrière lui, appuyé au mur, est un grand étendard jaune dont les plis retombent à droite sur un tambour qu'ils recouvrent en partie. Devant le tambour, une dague à garde italienne; de ci de là, contre le mur, une cuirasse, un casque, des collets de fer.

Signé à droite : 1856. (Panneau.)

Haut., 25 cent.; larg., 18 cent.

MONET

(CLAUDE)

22 — Maison de Pêcheurs, sur la falaise de Varangeville.

Sur le haut de la falaise, émergeant des feuillages et des fleurs, une maison surplombe l'Océan; les barques de pêcheurs qui viennent de sortir de Dieppe gagnent la haute mer par la pointe d'Aÿ; pleine mer et plein soleil.

Signé à gauche : 1882. (Toile.)

Haut., 60 cent.; larg., 81 cent.

NEUVILLE

(ALPH. DE)

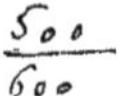

23 — Chasseur en sentinelle.

Un chasseur étendu, le fusil tout prêt au côté, surveille l'horizon. Tout au fond, un village; entre le village et la sentinelle du premier plan, des champs défrichés, séparés en losange, heureusement colorés selon leur culture diverse; de ci de là, des pommiers, des haies, des bouquets de bois; un beau ciel clair d'été sur la campagne habilement observée et rendue.

Signé à droite : 76. (Panneau.)

Haut., 14 cent.; larg., 24 cent. 1/2.

(*Vente de Neuville.*)

NEUVILLE

(ALPH. DE)

24 — Entrée du village de Forbach. 300/430

A droite, un escalier et sa rampe de pierre longent un talus dont la pente se perd au bas d'une large porte verte en bois, aux ais maintenus par des poutres.

A gauche, l'autre rampe, une maison, et au fond, de grands arbres se découpant dans le ciel clair.

Signé à droite : 75. (Panneau.)

Haut., 23 cent.; larg., 14 cent.

(*Vente de Neuville.*) 500/1600

NEUVILLE

(ALPH. DE)

600/820

25 — Tête de gendarme.

Sous le tricorne aux tresses blanches, le buste d'un sous-officier de gendarmerie; la tête, très finie, est tournée à gauche, de profil; la figure énergique se termine par une impériale en pointe.

Les épaulettes, les aiguillettes sont largement indiquées.

Signé à droite: Néris, 1876. (Panneau.)

Haut., 23 cent.; larg., 14 cent.

(*Vente de Neuville.*) 500/825

NEUVILLE

(ALPH. DE)

26 — Gare de Forbach.

400
260

A gauche, sur les rails, un wagon derrière lequel apparaissent des maisons, des toits d'usines, des cheminées d'où s'échappent des nuages de fumée.

La ligne s'étend de gauche à droite, avec ses accessoires, aiguille, poteau indicateur, lanterne; sur le talus qui la limite au second plan, une gare et des wagonnets ou des sacs de charbon et de marchandises; des usines, un village vague, et, tout au fond, une colline verdoyante sous le ciel gris.

Signé à gauche, 7bre. 1875. (Panneau.)

Haut., 14 cent.; larg., 23 cent.

(*Vente de Neuville.*) 500
650

NEUVILLE

(ALPH. DE)

27 — L'Église de Néris.

Sur la vaste place de l'église, avec des arbres devant l'entrée, l'église s'élève, couverte de tuiles rouges et surmontée d'un clocher d'ardoises; au fond, les maisons du village.

Signé à droite : Néris-les-Bains, 76.

Haut., 14 cent.; larg., 23 cent.

NEUVILLE

(ALPH. DE)

28 — Croquis à la plume.

Sujets militaires, types du premier Empire : un officier de la ligne, de vieux grognards, un cuirassier, etc.

Signé à droite.

Haut., 14 cent.; larg., 23 cent.

(*Vente de Neuville.*)

ROUSSEAU

(TH.)

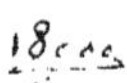

29 — Les Marais.

Sous un ciel moutonneux, dans une plaine grasse et verdoyante coupée de buissons, un paysan conduit ses vaches boire au bord de la Loire. L'eau est basse et découvre la grève chargée d'herbes et de roseaux.

Le paysage du fond se découpe dans le ciel au lointain argenté ; des bouquets d'arbres, des chèvres, puis l'église, le village, et, à droite, la ferme sous le chaume.

Signé à gauche. (Panneau.)

Haut., 34 cent.; larg., 54 cent.

ROUSSEAU

(TH.)

30 — Pêcheur levant ses filets.

Aux bords de l'Oise, dont les eaux sont basses, sous un ciel bleu, dans un paysage clair d'été, d'une fine exécution, un pêcheur reflété dans le miroir de la rivière, accroupi sur la rive, lève ses filets.

A gauche, au premier plan, un buisson; puis plus loin, des maisons, un arbre; derrière le pêcheur, un sentier que borne un gros chêne; à ses pieds, l'eau; à droite, une grève et la rive où croissent des arbres verts : un gros arbre aux feuilles rougies; tout au fond, on aperçoit l'église dans un bleu lointain.

Signé à gauche. (Panneau.)

Haut., 22 cent.; larg., 32 cent.

ROYBET

8000 / 6800 31 — La Confidence.

Deux gentilshommes du temps de Louis XIII, assis près d'une table de taverne, viennent d'arriver; l'un d'eux raconte en souriant à l'autre une anecdote plaisante; la servante, les verres remplis à la main, attend, pour servir, que la confidence soit finie; elle rit tout en feignant de n'écouter point.

Signé à droite. (Toile.)

Haut., 59 cent.; larg., 80 cent.

TASSAERT

32 — Renaud dans les jardins d'Armide.

Au premier plan, des nymphes tentent de retenir Renaud que son bon génie veut entraîner; elles le prennent, l'enlacent dans des poses lascives, étalant leurs nudités, nageant, cabriolant au milieu d'un paysage poétique dont la tonalité bleue s'étoile de la couleur éclatante des fleurs d'été.

Signé à gauche : 1843. (Toile.)

Haut., 60 cent.; larg., 73 cent.

ZIEM

33 — La Douane.

Au fond, au bord des ondes bleues du canal, les bâtiments de la douane s'élèvent, blancs et roses sous les coupoles élancées; une gondole traverse; au loin, des barques sont à l'ancre, d'autres mettent à la voile, et les collines s'étendent au fond, roses sous le ciel impeccablement bleu.

Signé à gauche. (Toile.)

Haut., 57 cent.; larg., 86 cent.

AUBLET

(ALBERT)

34 — Jeune Fille se mirant dans l'eau.

Une jeune fille, vêtue d'une robe blanche, descend au bord d'un ruisseau vers lequel elle se penche, d'un mouvement gracieux, pour se regarder. Des roses trémières s'épanouissent autour d'elle et l'encadrent; de la main droite elle les écarte, tandis que de la main gauche elle relève sa jupe en plis harmonieux.

Signé à gauche : 1886. (Toile.)

Haut., 82 cent.; larg., 65 cent.

GROLLERON

35 — En reconnaissance.

Episode de la guerre de 1870.

Un officier de mobiles, parvenu au sommet d'un vaste plateau, interroge l'horizon tout en marchant : deux sous-officiers le suivent, se courbant sous le vent, et, derrière eux, les mobiles gravissent la pente raide de la colline.

Signé à gauche. (Toile.)

Haut., 55 cent.; larg., 74 cent.

SISLEY

36 — Le Verger.

Dans un verger au penchant d'une colline, s'élèvent de grands arbres espacés; un mur qui traverse tout le tableau sépare le verger du village voisin dont les toits se détachent dans un ciel gris.

Signé à droite : 1872. (Toile.)

Haut., 38 cent.; larg., 56 cent.

SISLEY

37 — Le Pont de Moret.

Au fond, les arcades du pont, une maison qui le termine, des vaches qui viennent boire, et, au premier plan, une grande allée d'arbres.

Signé à gauche. (Toile.)

Haut., 47 cent.; larg., 56 cent

SISLEY

38 — Les Bords du Loing.

A droite, le Loing, avec des chalands traînés par un remorqueur ; à gauche, la rue du village bordée de maisons, et, sur la rive, une allée d'arbres ; tout au fond, la campagne boisée.

Signé à gauche. (Toile.)

Haut., 50 cent. larg., 65 cent.

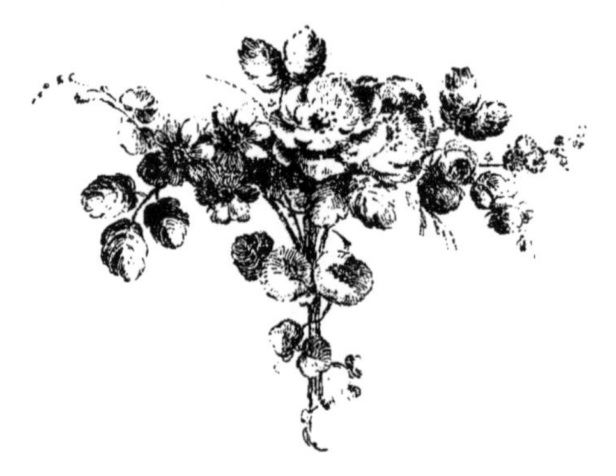

www.ingramcontent.com/pod-product-compliance
Ingram Content Group UK Ltd.
Pitfield, Milton Keynes, MK11 3LW, UK
UKHW020450180726
13839UKWH00004B/1734